엔도르핀 골목

김형순 시집

시와
사람

엔도르핀 골목

2025년 6월 25일 인쇄
2025년 6월 30일 발행

지은이 김형순

펴낸이 강경호 편집장 강나루 디자인 정찬애
펴낸곳 도서출판 시와사람
등록 1994년 6월 10일 제 05-01-0155호
주소 광주시 동구 양림로119번길 21-1(학동)
전화 (062)224-5319   E-mail jcapoet@hanmail.net

ISBN 978-89-5665-777-6   03810

값 12,000원

＊잘못된 책은 구입하신 서점에서 바꾸어 드립니다.
＊지은이와의 협의로 인지를 붙이지 않습니다.
＊이 책은 전라남도, (재)전라남도문화재단의 후원을 받아 발간되었습니다.

이 도서의 국립중앙도서관 출판예정도서목록(CIP)은
서지정보유통지원시스템 홈페이지(http://seoji.nl.go.kr)와
국가자료종합목록 구축시스템(http://kolis-net.nl.go.kr)에서
이용하실 수 있습니다.

ⓒ 김형순, 2025
이 책의 저작권은 저자에게 있습니다.
저작권에 의해 보호를 받는 저작물이므로
출판사와 저자의 허락 없이 무단 전재와 복제를 금합니다.

엔도르핀 골목

■ 시인의 말

담쟁이넝쿨 우거진 골목
한 잎도 서로 겹치지 않은
싱그런 담쟁이 잎들을 바라보다
입가에 웃음이 일었습니다

설레는 첫 시집
골목 한편에서 피어난
진솔한 언어들을 모아 수줍은
분꽃 속에 숨겨놓은 흑진주들
이제야 빛을 발산해 봅니다

내 사랑하는 가족과
늘 응원해 주시고 지도해 주신
강대선 선생님께 깊이
감사드립니다

그리고
함께 걸어온 시詩 향기 품은 문학인 여러분께
진심으로 고마움을 전하오며
새롭게 부활하는 엔도로핀 골목에서

Amor Fati.

내가 살아낸 시 속의 문장 시집의 글들이
온기와 생기로 숨을 불어 담장에 피어난
새싹처럼 여전히 파릇하길 두 손 모아 봅니다.

2025년 7월
빛고을 광주에서 김형순

엔도르핀 골목 / 차례

시인의 말 · 6

제1부

16 다이아
17 운수 좋은 날
18 엔도르핀 골목
20 나목
22 하얀 집
23 성화
24 송정 바다에서
25 삼동교 다리
26 봄날 상무공원 벤취 옆으로
27 포도시
28 석류가 열린 빈집
30 광안리 바다에서
32 로밍콜
34 할미꽃과 개나리 공주
35 낙서 공화국
36 노을의 강

버드세이버, 비둘기　37
서랍 속의 씨앗　38
초행길　40
예물단지　42

제2부

노점상 강 여사　46
한라산　47
수국 닮은 언니의 숨결　48
연둣빛 약속　50
생강　51
할아버지와 손자　52
문화전당 카페에서　54
무등산은 알고 있다　55
뽕뽕다리 연가　56
1달러　58
참빗　60
만나지 말았어야 할 인연은 없다　61

62 평전
63 김장 배추의 기분
64 빗자루
65 서울발 노루발을 돌리며
66 미싱 밟는 소리
68 고비 사막을 건너는 낙타
70 시대 유감
71 아버지
72 5·18 충장 축제

제3부

74 한여름의 특보
75 말랑한 가슴
76 횃댓보 숨바꼭질
77 青青
78 꼬부랑 초능력자
80 사월의 물기
81 화려한 외출

한쪽 날개를 남겨두고　82
초록 개울가　84
엄니가 불어와요　85
사회복지사 꽃순이　86
자귀나무꽃　87
하얀 풍경　88
사거리 반점　89
구순의 완두콩　90
가을 호수는 데칼코마니　91
하얀 거짓말　92

제4부

창가에서　94
돌아온 꿈의 다리　96
망부석　98
눈 속에 핀 우산　99
등불　100
엄마의 빈방　101

102 소녀를 낳는 집
104 초당 캠퍼스에서
106 민주주의
107 청포도 송이 익어가는 여름
108 그날의 기억은 현재형이다
109 바다의 눈물
110 빨간 양산
111 붉은 입들
112 위대한 건축학
114 초여름의 식탁
116 실버 합창단
118 고사리 부케
120 소문난 감나무집
121 피고 진 꽃도 꽃이다

작품론
123 굴곡진 골목에서 올라오는 푸른 봄의 서정
／ 강대선

엔도르핀 골목

제1부

다이아

꽁꽁 묶은 보자기에서 피어난 눈물 꽃

눈 감으면
저 어두운 벽을 돌아
수술대 향해 가는 네가 보인다

전광판 이름이 초조하게 지나가고
예고 없이 찾아온 죽음의 사자에
몸 떨었던 열아홉 살

나는 죄를 많이 지었나 보다

풀 물든 생의 끝자락에 매달려 바동거린다

죽음을 이기고 나에게 온 너

내 눈물과
네 눈물이
하나로 만나 빛나는
이 순간, 우리는

다이아!

운수 좋은 날

아무 소식 없는 낚싯대

거두고 돌아오려는 순간 낚싯줄을 흔들어대더니

솥뚜껑만 한 자라 한 마리 올라온다

낚시꾼들 로또 당첨, 운수 대통이라며 박수를 친다

자라도 놀라서 눈을 껌뻑인다

몇 달이 지나 등껍질 들여다보니

고개 쏙 내민 자라가 아릿한 눈망울로 바라본다

자라를 차에 싣고 황룡강으로 달린다

물살을 가르며 고향을 찾아간다

마음이 후련하다

무언가로부터 놓여나는 기분이 이런 것이겠지

자라도 나도, 한 짐 벗었다

엔도르핀 골목

해 질 녘,
휘파람 소리 나는 삼거리 골목은
숨기도 좋았지

사랑의 아킬레스건을 다친 그 사람
나를 찾아와 고백했지

포옹은 수줍고 부끄러운
가로등 불빛

집으로 향하는 막다른 골목에서 심장을 놓쳤지

엄마가 내 이름을 찾았지

숨고 싶었지만 숨을 수 없는 이름으로 얼어붙었지

비밀을 물고 콩알 심장은 쥐구멍으로 굴러갔지

어둡고 구부러진 골목
가로등 불빛이

솟구치는 엔도로핀처럼 환했지

사라진 골목길
이제는 내가
엄마를 찾을 수 없지

숨어서 우는 그리운 목소리

지금도 내 기억 속
골목에 들어서면

팔딱이는 심장이 굴러가고 있지

나목

나는 한 줌의 기력마저 시들어진 몸으로

흙더미 꽁꽁 언 땅에 뿌리를 박고 서 있다

아무것도 보이지 않은 두 눈 감고

숨 멈춘 듯 미동조차 하지 않는다

내 안 깊숙한 곳에서 온기를 감싸고 있는 가시 손바닥

깡마른 손금 줄기로 인내의 시간이 흐른다

살아 숨 쉬는 일은 말라 부서지는 절망에도 무릎 꿇지 않는 것

나는 깡마른 몸으로 겨울 한복판에 서 있다

가지에 링거 꽂고 눈보라 치는 정월의 들판에 몸을 떨면서

견디지 못하고 죽을 것만 같은 자리에서

한 발도 물러서지 않는다

봄이 오면 나는 발가락부터 꼼지락거릴 것이다

한 줄기 빛으로 자물쇠로 잠가놓은 숨통 열고

엄마의 젖 줄기처럼 따사로운 공기를

폐 깊숙이 빨아들이며

초록 잎을 등불처럼 매달 것이다

나는 모든 꿈과 희망의 분신으로 곧고 정하게 서 있을 것이다

하얀 집

 휠체어는 기다린다, 수액을 꽂은 검은 눈동자들이 곰삭은 웃음 감추고 기다린다. 깃대에 수액을 단 휠체어 몰고 오는 요양사와 눈빛으로 인사하는 동안, 덥수룩한 머릿결이 기다린다. 침상에 콧줄과 힘없는 목소리가 기다린다.

 거울 뒤에 서 있는 가위손에게 여든의 소녀는

예쁘게 해 주세요

 기억을 잃은 아흔의 소년은

빡빡 상고머리 해주세요

성화

 가슴은 산불처럼 타오르고 있습니다. 삽시간에 재로 날리는 일처럼 삭막하지만, 이 황량함 속에서 당신을 불러봅니다. 어디 계신가요. 가슴에서 일어난 불은 꺼지지 않습니다. 늦은 후회의 눈물 흘립니다. 사방팔방 다니느라 당신을 등한시했지요, 무시했지요, 거들떠보지 않았지요. 이제야 깨닫습니다. 당신은 별처럼 아름다운 내 사랑, 오직 당신을 위해 헌신하기를 기도했던 두 손은 기도였습니다, 성화였습니다. 당신은 메마른 나를 적시는 사랑입니다. 이 밤에 저는 불타고 있습니다. 어둠을 밝히며 눈물을 태웁니다.

송정 바다에서

 여인의 혼은 굿판 춤을 따라, 악기 소리 따라 바다로 흐른다. 연분홍 치마를 봄바람에 하늘거리며 바다로 나간 여인의 혼은 돌 틈 사이에서 분홍 꽃을 피운다.

 양파결 반짝이는 송정 바다에서 한 송이 꽃으로 잠든 여인을 기억한다. 무엇이 여인을 바다로 불렀을까. 송정 바다는 말이 없고 파도만 철썩인다. 나는 석양을 실루엣으로 두르고 분홍분홍연분홍 아픔이 묻어나는 해변을 걷는다.

삼동교 다리

삼동교 다리 밑에서
주워 왔다고
할머니와 아버지가 말했다
참말인 줄 알고
비아 삼동교 장날
덜컹덜컹 버스 타고
삼동교 다리 밑으로 갔다
짐보따리 안고
엄마, 아빠 만나러 갔다
정류장에 내려보니
삼동교 다리가 없다
다리 밑에서
한참 울고 있다가
엄마한테 잡혀서 집에 왔다
아한테 그런 말 하면
다음부터는 밥도 없을 기요
그날 밤,
나는 세상에서
가장 따순 밥을 먹고
꿀잠이 들었다

봄날 상무공원 벤취 옆으로

빛살이 내려와 앉은 통나무 벤치에 수북이

옛이야기 같은 갈잎이 쌓여 있다

그을려 벗겨진 건물의 페인트 같은 기억이 올라온다

통합병원에서 앙상하게 옷 벗은 나뭇가지 같은 청년을 보았다

유리창에 머리 부딪쳐 떨어지는 날새 같은 울음소리

군에서 동료 대신 상사에게 맞아 실신했다는

그 청년, 이제 구령에 발소리 맞춰 다시 달리고 있다지

봄 햇살에 모이 쪼던 참새들 우르르 날아오른다

포도시

 시방, 딸내미 효도 덕으로 충북 영동 포도 축제에 부부 동반 기차여행을 간당께. 아이고 말도 말어. 송정역 무궁화호를 기다리는디, 팬시리 고딩 수학 여행 맹키로 가심이 설레발친당께. 포도시 진정시키는디 아, 글씨 고딩 때 내가 좋아했던 국어 선상님과 똑 닮은 선상이 지나가는 것이 아니것어. 심장이 뚝 떨어지는 줄 알았당께. 달려가서 말이라도 한 자리 걸치고 싶었는디 이 붉어진 마음을 낭군님한테 들킬까 봐 포도시 참았당께. 생각하면 말이여, 포도시 세상을 살아온 것만 같어야. 가고 싶어도, 붙들고 싶어도, 영감하고 붙어 포도시 살다 보니 영감도 나도 항꾸네 물드는 갑서. 영감도 나하고 포도시 사는 건지도 모르잖여. 설레발치는 가심을 붙들고 포도시 기차를 탔당께. 그려 포도시.

석류가 열린 빈집

마당에는 상추와 쪽파가 심어져 있고

오십 년 전 좋아하는 여자애 신발을 학교 화장실에 넣었다는 담화가

모란꽃 웃음을 일으켰지

갈쿠리와 멍석이 걸려있고 지게가 있던 홍단이네 집에서

흰머리 동기들이 쉼을 얻지

감나무가 있는 마당에 자리를 펴고 큰 통 모기향을 두루두루 살포했던

어린 시절을 감나무가 먹었는지 붉은 감이 별처럼 달렸지

빈대떡 부치고 똥돼지 화덕에 올려 먹던 곳 옆에는 푸세식 변소가 있었지

그때 그 냄새, 막걸리 한잔에 내 삶의 향수가 되어 내 몸을 감고 있지

이 빠진 석류를 한 바구니 따온 홍단이가 우리들 품에 이 붉은 추억 하나씩 안기지

골목에 기댄 낡은 리어카 같은 그 시절을 어머니는 어떻게 살아 내셨을까

빛바랜 졸업사진이 걸린 누런 벽에서 친구들 이름 부르면

훌쩍 미리내 담을 뛰어 넘어간 친구들 미소 짓고

흰머리 수만큼 그리움 많아진 눈빛들이 노을을 바라보지

광안리 바다에서

삶의 날개가 찢겨 너덜너덜해질 때가 있다

앞이 보이지 않아 양심을 묻어버리고도 싶을 때

모래사장에 네 이름 석 자를 쓴 자리에

갈매기 날아와 앉는다

파도는 철썩이고 바위는 흰 거품을 쏟는다

퍼대고 쳐대도 아픔조차 느끼지 못했던 시간

지워도 지워지지 않는 네 이름을 안는다

밀려왔다 밀려가는 물결의 목울대

언제 찾아가도 나를 반기던 바다

너의 분신인 바다여

내 그리움을 다 쏟아놓은 뒤에야

나는 나로 돌아와

비로소 평온의 잠을 청했다

로밍콜

돌산이 둘러싼 풍경이 무릉도원 같다

산길 물길을 타고 메콩강 배 카페 만찬에 흥이 돋는다

산이 막혀 못 오시나
강이 막혀 못 오시나
아~~ 아 길이 막혀 못 오시나
하모니카 소리 덩달아 장단을 맞춘다

머릿속에서 식지 않은 고민을 뒤로하고 떠난 여행
생에 처음으로 주어진 선물 같다
긴 꼬리 잡고 돌던 노래를 끝마치고 돌아온 방
고래 등을 타고 바다로 간다

날개가 돋은 고래를 타고 구름 속에서 빙빙 돌다가
못다 한 노래를 부른다

꿈과 현실을 이을 로밍콜을 연결하지 않았는지
다음 날 아침까지 잠에 빠져들었다

눈 비비고 일어서니 제주공항에 도착한
흰 백조가 날아오른다

할미꽃과 개나리 공주

봄비 내리는 날,
개나리 공주는 졸업식 하고
할미꽃은 입학한다

엄마 손잡고 코흘리개 이름표 달고 운동장에 들어섰던
개나리 공주

해맑은 봄 동산 학교에서 잘 자라 졸업하고
한글 떼지 못한
할미꽃

들뜬 마음으로 운동장에 들어선다
꿈꾸는 일은 나이와 상관없지
이슬비 내리는 봄날

개나리 공주와 할미꽃이
카메라 앞에서 환하게 웃는다

낙서 공화국

행여 볼세라 쓰고 줄행랑 쳤지

너희 집 앞에 그이름
못 잊는다, 사랑한다고
전화번호 흘려 쓴
검은 연필 자국

시간이 지나도 끈적끈적하게 남은 흔적
비웃던 기억은 모두 망각 속에 지우는데
꿈틀대는 뇌파가 엔도르핀으로 살아난다

낙서는
무한 행복을 기리며 남긴
그라피티

노을의 강

강물이 흘러도
허공은 말이 없고
붉은 와인빛 노을, 한강 철교 위를 달린다

달빛 이고 내려온 별들은
강물에 출렁거리고
사람들은 저마다 그리운 이를 떠올리며 추억으로 흐른다

지치고 힘들고 외로운 길도
쉼이 되는 벗이 있고
고단한 어깨를 다독이는
휴식과 같은 영혼이 숨겨져 있다

강은 붉은 노을을 끌며 달려가고
남쪽으로 흐르는
내 그리움은
가로등 따라 환하게 눈을 뜬다

버드세이버, 비둘기

공연이 시작하기 전
리허설을 위해 계단으로 내려간다

비둘기 한 마리가 유리창 안에 갇혀서
어디로 나가야 할지
투명한 벽에 온몸을
투쟁하듯 부딪치며 날아다닌다

겁에 질린 몸부림의 흩뿌려진 배설물
놀란 나는 조심히 소리 죽인다

덥석, 한 남자의 손에 잡혀
비로소 열린 창문으로
자유의 날개를 편다

그 순간, 나도 함께 날아간 듯 가볍다

서랍 속의 씨앗

성은 배 씨였어요
배꽃이 필 때면
배를 먹을 때면
배불러 배불러 하면
나 좀 그만 불러라
능청 떨던 배불뚝이

서랍 속에는 성경책과 나란히 놓인
얼룩진 엽서와 빛바랜 그 사진
성경을 펼치면
말씀과 함께 간직한 배꽃 한 잎
여전히 숨을 쉬고 있어요

내 삶의 깃든 작은 빛
두 줄기 눈물이 흘러내리면
어서 오라고 손짓하지요

그 사람 만날 수는 없지만
느끼고 싶어요

배꽃이 노을에 물드는 저녁이면
'매디슨 카운티의 다리'에서 만난
두 사람의 로맨스가 생각나지요

멀리 있어도 사랑인 게지요
세월만큼 얼룩진 편지에
새처럼 펜자국이
날개를 퍼득거리고 있어요

내년 봄엔
배 씨를 심어 볼까 해요

초행길

대전청사 정류장에서 내리십시오
라는, 말만 중얼거리다가
대전역을 가는 고속버스에서
몸만 내렸다
순간 고속버스 떠난 뒤
아뿔싸!
짐칸에 무대복과 캐리어를 두고 내렸다
택시 잡아타고
버스를 쫓아 달렸다
아저씨! 아저씨!
애타는 내 손짓에 멈춘 고속버스
아뿔싸!
무대복과 캐리어가 없었다
이런, 친구 편에 보낸 것이 뒤늦게야 떠올랐다
초행이라 그래요
정신이 멍해진 나를 본 아저씨가
기운 내라며 비타민 하나를 내밀었다

요즘은
낯선 친절에도

마음이 먼저 움찔한다

초행이라 그래요
감각이 날을 세우던 그날

예물단지

창문을 급습하던
바람 맛이 옷깃에 서린다

강풍과 미풍 사이를
뱅뱅 돌며 나가고 싶지만
춤바람을 거두고 돌개춤도 멈춰

방 한구석
떠나갈 차비 마친 바람 난 여인
네 얼굴이 일그러져 예전 같지 않다

거울을 턱으로 가리키며
뒤돌아 거울에 투영된
안주인의 모습처럼

바람개비와 꼭 닮은 모습
한 폭의 쓸쓸한 수채화
비에 젖은 벽에 가슴을 짓누른다

침묵 속 한켠에 어쩌면

꾹 눌러앉아 머물 줄 알았지
점점 등을 돌리며 사라지는 그 여인
붉은 단풍 새색시가 먼저와 앉아 있다

제2부

노점상 강 여사

남대문 시장, 한 귀퉁이에 자리를 펴고 앉는다

주물 사업에 실패한 강 여사,

용달차에 황금 양은 냄비 주전자 다라이 압력밥솥 따위를 싣고 와 좌판을 벌인다

결혼할 때 가져온 패물들, 쌈지 목걸이, 돌 반지, 털어 금은방에 간 것은 지난달

성질머리 고약한 바람의 발로 차대자 노랑 냄비가 날아간다

허겁지겁 잡아 오면 다시 날아가는 노랑 주전자

강 여사의 시린 손이 눈물을 잡고 있다

찌그러진 양은 냄비는 반품이 되려나

세 살배기 아기의 웃음이 강 여사의 눈물을 훔친다

한라산

매서운 칼바람을 등진 한라산

헐벗은 나뭇가지가 칼바람을 견디며 서 있다

어쩌자고 너는 맨몸으로 겨울을 견디느냐

매서운 바람이 뼈마디를 파고든다

겨울을 이겨내는 일은 나와 대면하는 일

가면도 거짓도 없는 발가벗은 민낯으로 바로 서는 일

눈발이 등줄기를 쳐댄다

등에서 시퍼런 멍이 돋는다

봄이면 내 몸에서

보랏빛 도라지꽃으로 피어날 것이다

수국 닮은 언니의 숨결

검은색과 빨간색으로 엇갈리는 날들

모르면 모르는 대로
살아지는 날들을 넘긴다

새해를 맞이하기 위해 남은 하루
촛불을 밝히고 두 손 모은다

어제와 오늘이
잡은 손을 놓고
설레는 새해를 맞이한다

12시, 제야의 종소리가 들려오지 않지만
희망은 내 손을 잡고 기도한다

검은 그림자가 짙어질수록
희망 또한 가까이 다가온다

새해, 아침이 뭉클하게 밝아온다

허공으로 사라진 달력을 헤아리며
삶의 깊은 지점에서 팔순을 넘긴
언니의 안부를 묻는다

연둣빛 약속

감물이 떨어졌어

헤어지지 말자고 살며시 연둣빛 반지 끼여줬지

밤새는 줄 모르고 마냥 좋아 얼굴을 바라보며

금방 돌아오겠다며 차창 밖으로 손을 흔들었지

손가락에 접착제 바른 듯 반지를 보고 또 보았지

애틋한 편지 품에 품고 돌아왔건만

너는 바람처럼 흩어져 없어졌지

연둣빛 소식은 암갈색 소문으로 변해

진흙처럼 내 몸에 달라붙었지

주저앉아 있다가 다시 일어섰지

어느 먼 훗날,

연둣빛 반지 한 쌍 진흙 속에 남아 있겠지

생강

숨겨진 너의 상처를 다듬고 싶다

황톳길 인생, 찢긴

상처를 어루만지며 씻어 내린다

내 상처도 너처럼 깊은 구석에 자리했을까

상처에서 올라오는

온정 같은 황금빛

내 안으로 퍼지는 묵향

할아버지와 손자

하나뿐인 딸이 먼 도시로 시집을 가 아들을 낳았다

할아버지를 닮은 손주는 짙은 눈썹 둥근 뒤통수 묵직한 눈빛

명절날 딸이 손주를 데려오자

목욕탕의 김 서린 거울 앞에서 할아버지는 조심스레 손자의 등을 밀었다

손끝에 전해지는 피부의 감촉

비누 거품 사이로 외로움과 기다림이 스며들었다

비누 냄새가 향긋했다

할아버지의 깊은 어느 곳에서 웃음이 새어 나왔다

손자는 할아버지의 웃음소리를 듣지 못했지만

할아버지의 굵은 손길과 살가운 온기를 느꼈다

그날 이후로

할아버지는 명절만 기다렸다

문화전당 카페에서

와르르 꽃망울이 터져 까르르 연분홍 꽃잎이 웃는다

사랑하는 연인처럼 봄이 나를 껴안는다

철없던 남이, 옥이도 유년의 터널을 지나는

기찻길에서 환한 웃음을 터트리며 달린다

노을 보따리 풀리면 오막살이 영희 집도 붉게 물들인다

카페에 앉아 봄이었던 허물없던 친구들을 생각한다

오늘따라 가을 낙엽 스쳐 가는 길가에서

따뜻한 추억을 한 모금의 봄처럼 마신다

무등산은 알고 있다

적요를 흔드는 원효사에
아늑히 울리는 북소리 산 등을 치며 날아올라
김현승 시인의 시비 앞에서 걸음을 멈추었다

절대 고독의 순간순간에 숙연해지며 공감대를 이룬다

그 아픔 지독한 얼음꽃으로 하얗게 칼처럼 피운 서석대

자식 잃은 슬픔에 숨어 울었다는 사잇길
고뇌하던 당신을 알면서
문학의 가치에 섬광을 부여 앉는다

새인봉 돌아 입석대 장불재를 돌면서
가슴에 묻은 시인의 못다 핀 가막살나무에
기대여 작은 새들이 시를 읊고 속삭인다

자연의 틈사이 치유의 산능선 어김없이
오늘도 바람재 마중 나와 고독한
당신의 차거운 양볼을 어루만진다

뽕뽕다리 연가

발산마을과 임동을 잇는 길

철판에 구멍이 숭숭 뚫린 뽕뽕다리였지

조약돌 감는 실개천이 흐르는 그 위를 방직공장 오가는 아가씨들이 조심조심 건넜지
구멍이 숭숭 뚫려 처음 건너가는 사람들은 발 디디기가 무서웠지

균형 틀어지면 삐거덕 쇳소리 들려오고 먼저 지나가는 발걸음이 철판 위에서 출렁였지

행여나 빠질세라 친구 붙들고 웃음 반 울음 반

뾰족 신발 벗고 건너던 아가씨

다닥다닥 붙어 있는 발산마을 골목집 달방 얻어 자취하던 방직공장 아가씨는 부모님 그리워 날마다 울었다지

그 많던 방직공장 아가씨들은 모두 어디로 건너갔을까

실타래 감는 소리 지금도 들려오는데

끊어진 실을 교체하며 이어가는 빠른 손놀림처럼

끊어진 다리를 다시 이어볼 수 없을까

삼삼오오 뽕뽕다리 건너오던 아가씨들 눈에 선한데

흑백 영화처럼 추억도 희미해지는데

굴곡진 한 시대를 지나던 그리운 사람들은

어디에서 뽕뽕다리를 건너가고 있을까

1달러

야자수 열매가 유혹하는 대낮

마차가 사원을 빠져나가는 귀퉁이에 꼬마 아이들이 모여 있다

오색 팔찌를
팔에 끼고
마른 아이들이 검은손을 내민다

1달러! 1달러!

다른 아이들과 멀어져 혼자 달려오는 아이가 한국어로 외친다

저만 하나도 못 팔았어요

1달러! 1달러!

짧은 곱슬머리 그 아이

먼지 속으로
그 아이 사라질 동안

마차는 속도를 줄이지 않았다

참빗

어머니는
참빗으로 반질반질 내 머리
빗고 또 빗고
나는 그게 좋아
거울 보며 놀았지
내 머리는
토끼처럼 순해졌다가
갈기처럼 솟았다가
삐삐 롱스타 말괄량이처럼
양 갈래로 따졌다가
빨간 머리 앤처럼 붉어지기도 했지
지금도 그때처럼
거울 보며 노는데
파 뿌리 다 된 어머니는
어디로 가셨나
하늘에서 보고 계시나
참빗으로 빗겨주시듯
헝클어진 내 마음도
빗어 주시려나

만나지 말았어야 할 인연은 없다

태워버릴 듯 성난 사랑도 인연이었다

엿가락처럼 녹여버릴 듯 달려오는

붉은 도시의 청년도 사랑이었다

비바람이 휘몰아치고 물 폭탄을 온천지에 퍼붓는 일도

뜨겁게 매미처럼 울다 쓰러진 심장도

내 심장을 할퀴고 간 네 손길도

생각하면 모두 사랑이었다

만나지 말았어야 할 인연은 없다

고무줄에 밟힌 시절 인연의 검은 그림자도

가을 새벽, 창문을 닫는 순간도

모두 인연이고 사랑이었다

평전

못난 인형을 바다로 던져버렸다
두려운 삶의 현장에
물결이 출렁이고
중심을 잡으려고 몸부림쳤던 못난 인형은
바다 한가운데서 도달해
소녀의 노래를 부르며
온기를 느꼈다
태풍 불어
숨통 쥐어짜며
파도가 절벽 칠 때
허우적거리며 변덕으로 들끓는 것들을 피해
세상을 하직하고 싶었으나
물결은 다시 잠잠해져
못난 인형을 다독였다
마음의 물결을 따라 다시 바다로 나간다
희열과 파멸의 바다에서
못난 인형은 춤을 추고 노래한다
생의 바다를
한바탕 휘저어볼 판이다
살아 있음으로
못난 인형이 일렁인다

김장 배추의 기분

텃밭에서 자랐어
김장 배추 모종이었지
잘 여문 나를 뽑아 뿌리와 누런 잎을 쳐내고
몸을 반으로 갈랐지
이틀을 꼬박 소금에 절여졌지
지금 내 몸에
양념이 비벼지고 있어
죽었다고 생각했는데
나는 새로운 존재가 된 거야
배추에서 김치로 변신하기 위해서
한 번은 죽어야 했는지 몰라
사람도 한 번은 죽어야
새로운 사람으로 거듭나잖아
김치가 된 나는
내 몸이 아닌
사람들의 몸으로 살아갈 거야
새로운 몸을
입는 거지

빗자루

바닥은 마른 숨을 쉰다

언제나 부어 줄까 입을 벌려봐도

하늘은 뜨거운 열기만 내리붓는다

단비를 기다리는 마음을 알고나 있는지

하늘은 오늘도 침묵한다

하릴없이 마당을 쓰는 빗자루가

자신의 몸을 빗줄기처럼 바닥에 푼다

환청으로 들려오는 빗소리

빗자루에 숨어있던 빗소리가 쏟아진다

서울발 노루발을 돌리며

낯선 골목 시끄럽다
하루 이틀 옆집에서 미싱 소리 콰르륵 쾌륵
손수[手繡] 배우며 두루마기 수의 옷 수만 장 이으며
덧댄 호주머니 속으로 푼돈은 종달새처럼 모여들고
학원비 마련하며 상상의 꿈동산에 밑거름이 되었다

미싱 밟는 소리

골방 끝 창문 쪽 아래
낡은 미싱은 밥줄이었지
엄니는 날마다 바늘귀에 실을 꿰고
터진 바지를 꿰매고 한복을 짓고 심부름시켰지

발발 미싱 밟는 소리
고요한 밤이면 골목 끝까지 흘러나갔지
매번 실이 엉키면 엄마는
들숨 날숨 한숨 쉬었고

가위질 사이사이 바느질 소리
가늘게 떨릴 때
책상 앞에서 몰래 울었지
허기진 식솔의 등줄기
미싱의 리듬은
노래가 아니라 각박한 노동이었지
미싱은 엄마의 손가락을 꿰맨 적도 있었지

그 시절 그때는 몰랐지
패턴 없는 천 한 장에도

조각조각 덧댄 상보처럼
엄니가 미래를 재단하고 있었음을

고비 사막을 건너는 낙타

내 등에
오아시스라는 짐이 없었다면
눈망울에 부딪치는 모래바람에 쓰러져
그 사막을 끝내 건너지 못했을 거다

역경의 짐은 희망으로
나를 견디게 하는 힘이였지
짐이 없었다면 작은 고통에도
내 무릎은 주저앉고 말았을 것이다

모래바람을 온몸으로 맞으며
벼랑 끝에서 견디는 힘이란
사하라 사막 적막한 밤하늘과 공연하는
언덕에 누워 바라본 하늘 지붕이 온다

신은 물 대신 총총한 별들을 심어놓고
휘황찬란하게 힘겨운 나를 위로하듯
별똥 꽃들은 필 때도 질 때도 담대하다

오늘도 끝없는 모래성의 결 위에 서서

허덕이는 어린 낙타를 등에 업고 흉터를 지우며
눈부신 광야를 향해 힘껏 고비 사막을 건넌다

시대 유감

밥상머리에서
아이가 울자

고사리손에 핸드폰을 쥐어준다

울음 그치고
화면으로 빨려드는 아이의 눈

새소리
물소리
바람 소리가 빠져나간
저 눈을 보고 있으면
문득, 서글퍼진다

저 또랑또랑한
눈이
화면에 빠져
놓쳐버린 자연의 훈기

밥상머리에서
아이가 울지 않는다

아버지

강물은 아버지 등줄기처럼 흘러가고
나는 땅 밑에서 들려오는 소리를 듣는다

흙이 되신 아버지는 어느 뿌리에 스며드셨을까

달빛은 아버지의 등뼈를 비추고

나는 달빛 아래 누워
하늘에서 들려오는 소리를 듣는다

별이 되어 가신 아버지는 어느 잎을 비추실까

등뼈처럼 흐른 그리움이
내 가슴에 고랑을 만들어 놓는다

5·18 충장 축제

지나치면 모를 뻔했지
거리에 내걸린 웃음들
왁자지껄 흥이 오른 시간에
너를 만나러 예술의 거리
뒷골목, 사운드 오브 뮤직
단골 술집으로 간다

허름한 간판, 때가 검게 낀 탁자,
찌그러진 양은 주전자,
낙서로 가득한 벽
그 벽에 누군가 사랑한다고 썼다
민주주의를 사랑한다, 이 나라를 사랑한다

지나치면 모를 뻔했지 지금은
세상에 없는 너의 글이었다는 것을
민주주의와 함께 술을 마신다

이 나라를 사랑하여 술을 마신다

제3부

한여름의 특보

무등산 자락 산수동 언덕에 퍼붓는다

옹벽이 터졌다는 뉴스에 잠을 못 이룬다

도로는 황토물에 잠기고

양동이를 들고 나올 틈도 없이 집이 잠긴다

구조대의 손길도 막아 버린다

천둥 번개가 인간들에게 경고를 날린다

어머니인 지구를

헛된 욕심으로 파괴하지 말라고

화난 짐승처럼 밤새 으르렁댄다

말랑한 가슴

기품 있게 쭉쭉 뻗어
바람도 막아 주는 층층 대나무 벽을 걷노라니
자연의 땅에 죽순이 자라고 있다
바구니를 들고 나타난 아저씨가 자기네 거라고
죽순을 넘어뜨리더니
스무 포대를 채워 다듬는다
나도 하나 줘 보시오
속살을 까니 백옥처럼 부드럽고 말랑말랑하다
땅 위로 올라온 포근한 처녀 속치마 같다
여리고 보드라운 때가 있었지
때 묻지 않은 가슴으로
하늘보다 맑게 웃을 때 있었지
어느 날 도끼가 나를 내려쳤지
벼락이 번쩍이던 날
멍든 가슴으로 쓰러져 울었지
딱딱하게 굳어버린 줄 알았는데
가슴에는 아직
부드럽고 말랑말랑한 시가 남아
푸르고 푸른
시 한 줄로 숨을 쉬고 있었지

햇댓보 숨바꼭질

인기척이 들려 나가 보니 아무도 없다

거기 누구 숨어 있을까요?

소나무 위로 두어 마리 학이 날아가고

밤에 누가 부르는 소리에 나가보니 아무도 없다

거기 누가 숨어있을까요?

골골 코 고는 소리만 나직하게 들려오고

다음날 손녀가 찾아온다

보고 싶은 우리 손녀가 먼저 와 소리를 내었구나

할머니, 나 어디 숨었게?

까꿍! 우리 지우 여기 숨었구나

햇댓보를 걷는다

靑靑

엄마는
靑靑이고 싶어
그늘 한 점 없는 靑靑으로
남도의 靑에 안겨 아리랑 고개를 넘어가고

나는
靑靑이 싫어
엄마 없는 청푸른 대지의 노래가 싫어
고목에 붙은 매미처럼 쓰리게 울지

꼬부랑 초능력자

백아산을 다녀오다

사평 지나는 버스 승강장에 꼬부랑 할머니가

버스가 정차하자 보따리 두 개를 먼저 올려놓으신다.

(아래를 보니 스무 개는 족히 되어 보이는 보따리가 놓여 있다)

그 모습이 짠했는지 등산객으로 보이는 승객들이 내려서 버스에 올려준다

운전기사님은 묵묵히 바라보고

(난 속으로 불안하다)

누구 한 명 빨리 갑시다 재촉하지도 않는다

어디 가세요?

어, 자식들한테 좀 노나 줄라고.

이렇게 많이요?

뭐, 얼마 안 돼야

할머니는 광천동 터미널에 와서야 그 많은 짐을 내린다

어르신 애들 나오지 않나요?

응, 곧 와, 걱정 말어, 어서 가라고 손을 흔든다

  돌아서려는데 누군가 다가와 양동시장에 팔러 간다고 말해 준다

  할머니의 뒷모습을 멍하니 바라보니

생전에 가장 빛나던 걸작 어머니가 보인다

사월의 물기

빗소리 진득하게 두드린다

혼자 사는 사계절의 지붕을

지붕과 빗방울이 만나면 누가 먼저 소리를 내었을까

빗소리가 뫼비우스의 끈처럼 계절을 돌고 돈다

저 빗소리 들으며 울 엄마 뱃속의 나를 만지며 자장가를 부르셨다지

나를 빨리 만나고 싶어

빗방울처럼 나를 두드렸다지

나는 세상에 나오면서 소낙비처럼 세차게 울었다

사월, 비는 내리고

나를 두드리시던 기억의 소리는 물거품처럼 떠나고

내 손에 젖은 물기만 남았다

화려한 외출

첫눈이 내린다는 물음에
순백의 풍경을 담으려 카메라를 챙겨 들고
강원도로 향해 달린다

백석 시인의 사슴 한 마리와 나타샤가
숲 너머로 고개를 내미는 상상도 하면서
하얀 라일락 포착하여 작품을 남기고 싶었지
터널을 지나가기 전 붉은 차들이 울고 있었다

도로 위에 숨어 있던 얼음에 날카롭게 찍히고
차들이 방향을 잃고 헛돌며 미끄러졌지
브레이크 소리도 얽힌 시간엔 소통이 적막하다

그날 동행한 사진사들은 셔터를 누르지도 못하고
아름다운 겨울 풍경을 찍으러 떠나던 길목은
차가운 본색과 마주쳤을 때 운이 좋은 건지
설레던 내 가슴에 먹먹한 엑스레이만 남겼다

한쪽 날개를 남겨두고

한쪽 날개를 잃은 갈매기처럼 나는 바다로 왔어

안으로만 삭힐 수밖에 없는 상처들

아무도 썩어가는 내 상처를 읽지 못했지

창백한 바다에 뜬 달도 검게 보였지

청진기를 대보면 벙어리 냉가슴 앓는 소리

어디에도 하소연할 곳이 없었어

한쪽 날개로 휘청이며 바다로 왔어

모래 위에 상처를 쏟아놓았지

파도야, 파도야, 내 아픔과 상처의 모래들을 걷어가다오

쓰러뜨리고 무너뜨리렴

바다는 알았다는 듯 폭풍을 보내왔지

깊은 한숨과 통곡의 모래들과 검은 절망을 모두 가져갔지

그러나 여전히 내 안에 남은 상처들

해운대 앞바다에 남겨놓고 나 혼자 돌아왔지

초록 개울가

개울가 돌 틈 사이에서
뿌리는 상처를 안고 잎은 향기를 내고
돌돌돌 물소리 들려오고
그 사이와 사이에서 돌미나리 올라온다
초록과 초록 사이 고향 냄새 풍기면
나는 눈물이 돌돌돌 흐른다
행여나 들킬까 봐, 숨죽이며 건너온 국경
고단하고도 긴 항해 시작했지
이제, 나 여기 미나리깡에 앉아 돌돌돌 흘러간다
내 혈관 속에 흐르는 고향도
여기와 얻은 타향도 모두 그리움의 향기
사색과 사색 사이 눈물이 더 깊어지고
허공의 틈과 틈 사이에서 속으로 우는 마음처럼
끊어도 다시 자라는 가냘픈 허리 세우신 어머니가
낮은 초록으로 흔들리신다

엄니가 불어와요

 겨울 진도에서 처음 배추밭을 봤지라. 지금도 그 싯푸런 바다 같은, 풍경이 생생해요. 엄니는 배춧잎이 돈다발이라도 되는 대끼 하뭇하게 바라보고 지는 찬 대지에 납작 엎드린 초록의 고단함과 시린 잎이 마치 엄니인 듯 보여 눈물을 감췄구만요. 초록으로 살던 엄니 하얀 머리칼은 진도 바람을 따라 먼 바다로 나가 잠이 들었어요. 봄이면 먼바다에서 엄니가 불어와요. 다시 초록을 키우려는 듯 들녘을 바람 머리칼로 쓸고 있는 엄니, 지는 봄이면 엄니를 맞으러 진도로 가요. 그 싯푸른 초록 바다에 몸 한번 담글라고요.

사회복지사 꽃순이

오늘도 돌봄 사각지대를 향해 버스를 타고 가는 꽃순이

저보다 더 어려운 이웃을 위해 눈물 흘린다

북에서 갈쿠리 지레밭 건너 남으로 왔다는 꽃순이는

진흙탕도 가시밭도 막힌 벽도 두렵지 않은 꽃순이는

눈물이 많아 눈물 꽃이 날마다 흐드러진다

숨 막히는 철조망 앞에서,

죽음 같은 적막 속에서 어린 아들을 데리고 나왔다는 꽃순이는

가슴에 피멍이 들었다는 꽃순이는

오늘도 눈물로 새터에서 꽃을 피우며 살아간다

환한 눈물 꽃 피우는 사회복지사 우리 꽃순이

자귀나무꽃

오므라든 남자의 몸이 벽을 향하고

여자의 몸은 반대편 벽을 향해 오므라든다

이편과 저편으로 나뉜 정치판처럼

벽과 벽이 남자와 여자가 바라보는 방향

남자는 더 오므라져 여자의 등에 벽을 세우고

여자는 차갑게 조금 더 멀리 떨어진다

새벽, 누가 먼저 울음을 시작했는지 알 수 없지만

울음이 울음의 벽을 흔들기 시작하더니

틈과 틈 사이로 눈물이 흘러

등과 등이 벽과 벽이 서로를 향해 허물어져

한 몸으로 접어든다

하얀 풍경

 구들에 군불을 지핀 무쇠솥 둘레에는 척척한 세 켤레의 하얀 운동화가 밤을 지새우고 아침을 기다린다. 여명이 밝아오면 하얀 수건 쓴 어머니가 끈을 운동화 구멍에 넣고 갈지자로 끼우면서 고들고들한 아침을 맞는다. 잠에서 깬 우리는 이불을 개고 나와 어머니의 소죽 쓰는 불쏘시개 소리를 듣는다

 내 주머니에 그날의 아침을 담고 고향을 바라본다

 내일이 설인데, 하얀 운동화처럼 눈이라도 올 것만 같은데

 마음은 젖은 운동화처럼 척척하다

 고들고들하게 말려진 그날의 풍경이 늘 그 자리에서 나를 기다리고 있다

사거리 반점

시를 쓰는 시인과 짜장면 빼는 주방장, 우리는 콤비

예술인들의 소문이 어느새 수레 꽃밭을 이루었다

왁자지껄 주걱에 번호표 쥐고 줄 서 있으면

낙지 한 마리, 짬뽕 주문 소리에 비지땀 줄줄줄

이들은 시를 쓰듯이 주방에서 음악 소리도 볶는다

구순의 완두콩

완두콩 4킬로 한 망에 이만 원이라며
구순은 오늘도 밭고랑에 털썩 주저앉는다

땡볕도 손사래 치는 밭에서
무려 열한 망 주름진, 정직한 땀으로 거두었다

저울에 올리기 전
한 줌 얻어갈까 은근히 기대했지만
어림도 없지, 콩알만큼 단단한 고집은

초록 망에 차곡차곡 담기는 동안
구순의 입가에 웃음이 인다

내 손은 빈손이지만 그 웃음만큼은
가슴에 꼭 한 줌 퍼담아 밥상에 올리고
오래오래 우리 어머니, 내 곁에 있어 주세요

완두콩 가족에 맺힌 이슬방울처럼 빛나는 어머니

가을 호수는 데칼코마니

 봄을 알리는 하얀 도화지를 반으로 접어 한쪽에 노랑 물감을 푼다

 여름내 품어내던 태양의 입김으로 나무들은 하늘색

 격정의 계절에 시달리다 지친 나비들은 황금빛 은행나무

 한나절 꿈에 젖은 사람들의 품 안에 산등성이는 싱그러운 초록빛 연보라

 총천연색 범벅으로 물들어 가는 호수를 반으로 접어 꾹꾹 눌러 비비다 펼치면

 출렁하며 서로 스미는 너와 나의 모습

 가을 호수 앞에서 눈을 감지 않아도 좋다

 표연히 둥지를 나오는 데칼코마니 수면

 공작나비 한 쌍이 살랑살랑 날아오른다

하얀 거짓말

산에 소복을 입은 여인이 광목을 풀어놓았나

하얀 이불 빨래를 누가 올라가 펼쳐 놓았을까

봄 산에 겨울이 물들었다

거짓말처럼 겨울은 그대로 머물러 있는데

너의 거짓말은 하얀색일까?

앞산에 너울은 하얀 산을 덮는다

눈이 녹으면 싹이 올라오듯

거짓말이 녹으면

진실이 푸르게 올라올 것이다

제4부

창가에서

무등산이 보이지 않는다

얼룩진 점 하나가 동공을 가린다

건물은 울퉁불퉁 균형을 잃고 넘어질 듯 굴곡진 길이 어지럽다

유리창을 아무리 닦아도

붉은빛은 수정체를 빠져나가지 못하고

실핏줄이 터지고서야

세상이 전쟁과 눈물로 억눌린 채 견뎌온 사실을 알았다

지구의 어딘가에서는 나처럼 실핏줄 터진

상처들이 힘겹게 살아갈 것이다

핏물이 고일 것이다

창틀을 부수고 인테리어를 다시 하고 싶지만

내 안의 핏물이 닦이지 않는다

밝고 청명한 날을 맞이하고 싶어 눈을 감는다

아픔의 시간이 지나가면

오래 머문 상처도 아물 것이다

어둠 속에서

무등산이 등불처럼 깜박거린다

돌아온 꿈의 다리

그리운 건 모두가 물거품으로 떠내려갔건만

허기진 소녀들의 땀으로 범벅이던 숨 가쁜 깔끄막 길이 돌아온다

고난의 시대를 짠 눈물로 훑고 온 뽕뽕다리

구멍구멍 때 묻은 사연, 간극을 메운 비밀의 보따리

다리 위에 신비의 물길이 조각조각 흐른다

친구들의 지난날은 초록빛 보랏빛 빨강빛 블루블루로 물들었을까

젊은 청춘들이 휘황한 달동네에 불빛을 밝히고 버스킹한다

영롱한 빛깔의 다리가 색색이 무지개 빛으로 태어난다

'니 설음 내 설움', 비디오 영상 지나가고

다리 위로 통통통 빨간 구두 아가씨가 걸어간다

란이야, 순덕아, 우리는 하모니카를 불고,

영희 오빠는 기타를 치고, 순돌이는 색소폰을 불고,

향순이는, 하늘을 향해 장구를 치자

하모니를 이루는 우리들 헛되게 살지 않았구나 묵은 날들도 다 말을 걸고

친구들의 추억은 시가 되고 별빛 그리움은 시낭송으로 물든다

내 고향 광주천을 가로지르는 뽕뽕다리 위로

신명 난 새해가 힘차게 걸어오고 있다.

망부석

첫눈이 내린다

그 사람을 만나러 가고 싶다

순백 속에 소복소복 발자국을 내고 싶다

눈은 쌓여 길을 지워도

마음은 길을 더듬어 달려가고 있다

눈꽃으로 소복을 입고 떠난 그 사람

푹푹 눈은 내리고

길을 아득해

그 사람 넘어간 산은 멀고 까마득한 어둠

탑만큼 쌓인 그리움을 몰고

그 사람에게 간다

망부석 위로 첫눈이 내린다

눈 속에 핀 우산

신호등이 바뀌기를 기다린다

마음은 어지럽게 구부러진다
눈은 바람에 방향을 구부려
사거리에서 휘날리고

나는 점 하나로 서 있다
우산 위로 눈이 쌓이면 우산을 살짝
기울여 눈을 보내는 반대편 할머니

조금 기울이면 슬픔도 지나가는 것일까
눈물도 구부러질까
흐린 눈을 닦고 신호등을 건너보니
할머니는 보이지 않고

화단에 쌓인 눈을 기울이고 있는
노란 복수초 우산
소복이 청아한 여의주를 담아 올린다

등불

  너는 너를 밝혀 사각지대를 감싸고 있다

  네 몸을 다 태워 희나리가 되어도 사각의 어둠은 사라지지 않는다

  너는 너를 태워 어둠으로 간다

  너는 어둠을 향해 가는 순교자

  묵언의 위로였을까

  투영된 등잔 밑에 사각의 어둠이 똬리를 틀고 있다

  공허한 빛의 둘레

  너는 너를 태워 어둠을 밀어낸다

  신새벽이 오고 있다

엄마의 빈방

늦가을이다

빈 들녘 흔들리는 박주가리가

가지 끝 빈껍데기로 허공인 듯 매달려 있다

속마음 감추고 있는 처녀의 마음일까

씨방이 '툭' 터지는 소리, 낙하하는 씨앗들

못다 한 말이 고백처럼 날아간다

늦가을이다

품 안을 떠난 자식들 걱정에 대문 앞에 서 있는 그림자가 흔들린다

빈집처럼 외따로 빈 가슴만 허전한데

빈 들녘 빈 박주가리에 스치는 달빛 한 줌

바람이 적막을 싣고 날아간다

소녀를 낳는 집

가을 황금 들판 같은 금줄을 친
보리수 은목서 나뭇가지에 초승달이 앉아 있다
모닥불을 피운 마당에는 이제 막 해산하려는
빠알간 동백꽃망울 같은 불꽃이 화르르 피어올랐다
낮게 깔린 감탄사가 저절로 터져 나오고
심장이 마구 두근거리며 활활 하늘로 피어오르는
동백꽃 무리를 바라보았다
타다닥 동백의 모닥불이 타오르자
조금은 서먹서먹하던 거리에 서 있는 사람들의 발자국이
경계를 풀고 가까이 다가온다
사람이란 서로 기대어 살아간다는 듯
장작불도 서로 기대어 타고 있다
문득 바라본 별들도 하나가 아니다
서로를 바라보는 자리에서 온기로 빛나고 있다
서먹서먹한 거리가 사라지자 우리는
둘러앉아 둥근 우주를 만든다
누군가는 웃고 누군가는 노래하고
누군가는 시름에 잠기고
누군가는 울었을 지나온 시간들이
빠알갛게 피어난다

같이 있어 삶은 아늑하다
만개한 동백꽃을 바라보면 우리는
한 잔의 와인과 어깨동무와 노래와
사연 한 개씩을 품고 사람 人이 된다
별은 깊고 떨어진 동백의 붉은 여운은
길게 남아 어둠 속에 별무리를 남겨놓는다
나는 잃어버린 소녀를 다시 찾는다
초경을 한 소녀처럼 볼이 붉어져
어둠 속에서 아직 꺼지지 않은
동백의 뒷자리를 뒤적거렸다.

초당 캠퍼스에서

흠-

아무래도 누군가 실연을 했나 봐

향기가 이렇게 아프다니

밤새 실컷 울다가

눈물 번진 시를 써내려가렴

이렇게 짙은 이별의 향기

다시 만나 사랑을 하거든

이 짙은 눈물 향기를 기억하시라

이별도 향기가 된다는 것을

시의 순정이라는 것을

흠-

금목서 은목서

이별의 길섶에서 만난 고마운 당신

아무래도 실연인가 봐

다시 불어오는 오묘한 푸리티한 향

이 아름다운과 이별이라니

민주주의

해변에서 들었다

수천수만의 조약돌이 파도에 쓸리면서 내는
아름다운 연주를

저마다 노래하는 천상의 화음和音을

청포도 송이 익어가는 여름

연보랏빛 꽃 피울 때

벌 나비에게 꿀을 내어주고

튼실한 진초록색 알갱이로 성장했을 땐

더위를 이기는 다디단 힘이 되었지

사리처럼 남긴 씨앗은

기름으로 따뿍 내어놓았지

아낌없이 주는 당신은

어머니의 환생!

그날의 기억은 현재형이다

민주의 혼들이 어깨동무하고 함성 지르던 그날은

민주를 외치며 달려가던 무등의 그날은

어둠의 질곡을 벗어나 신새벽의 발걸음 소리 들리던 그날은

푸른 청춘이 피 흘리며 쓰러져 가던 그날은

광주천의 새벽안개가 핏빛으로 물들던 그날은

지금도 살아오는 현재형이다

젊은 넋들 오월의 깃발로 부활하는 현재형이다

망월동에 짓눌린 가슴 풀어놓은

등 굽은 어머니가

그날의 안부를 묻는다

그날은 영원히 죽지 않는 우리들의 현재형이다

바다의 눈물

푸른 파도가 여름을 부순다

해변을 거닐며 콧노래 부르며 바람에 머플러 휘날리는 친구들, 가장 아름답고 멋스러운 날, 모래 위에 돗자리를 편다

버려진 무지가 눈에 밟힌다

인간의 입 속에 든 말
다 빼앗기고
뭉개진 색색의 페트병들과 검은 비닐봉지들
바다의 숨통을 쥐어짠다

물결은 공포로 허우적거리며 병들어간다

모래밭에 부끄러움이 찍힌다

철석, 철썩, 헝클어진 양심을 쳐대는 파도
버려진 무지를 모아
분리수거함에 넣는다

금방이라도 태풍이 몰려올 것 같다

빨간 양산

가평의 안개 짙은 개울가

새벽길을 걷는다

설레고 들뜬 벚꽃이 품에 안겨온다

산다는 것은 참 즐거운 일인지도 모른다고 중얼거린다

자작나무 숲에서 한 치 앞을 못 보고 넘어지기도 했지

개미 돌부리에 넘어져 무릎 깨지기도 했지

진홍 피가 질퍽하게 가슴팍 파고들 때도 있었지

그래도 살만하다고 중얼거린다

붉은 겹꽃이 되어 꽃꽂이가 되듯이 좋은 날도 왔지

시가 있기에, 울먹이던 거친 바닥에서 일어섰지

벚꽃이 길을 하얗게 물들인다

꽃길이었다

붉은 입들

청춘의 숨결만큼이나 입들은 맛에 취한다

그 입에 뭉개진 색색의 쓰레기들

바다의 숨통을 쥐어짠다

입은 여전히 입을 빨아대고 절규하는 물결은 날마다 공포로 병들어간다

날마다 탐욕의 입은 늘어나고

날마다 병색이 짙어지는 바다

파도는 철썩 철썩 고통스럽게 양심의 바위를 쳐대건만

입들은 바다의 푸른 피를 빨아대고

바다는 버려진 검은 양심들로 숨이 막히고 있다

아이야, 눈을 감아라

입이 다물어지지 않을 검은 태풍이 온단다

위대한 건축학

여름이 무르익어가는 소나무 가지 사이
구름과 바람의 햇살 무늬가
뜰 안으로 쏙 들어왔을 때는
모두가 내 것인 줄 알았다

산수화가 보이는 자연풍광 확 트였던 전망은
암막 커튼 같은 빌딩 숲이 우뚝하게 가로막는다

네모난 낱장들이
포클레인 낚싯줄에 꿰인 채 올라가고 내려오며
허공에 아슬아슬 퍼즐을 꿰맞춘다
고층이 솟구칠 때마다 깜깜하게 숨죽이며
더욱 낮아지는 땅거미

아름드리 소나무 숲 뭉개지고
구부린 등을 짓누르는 시지프스의 돌과
바벨탑 천국이 동시에 거주하는 초고층 첨단아파트
빽빽한 빌딩 사이로 불어오는 회오리바람
옷깃을 올려 봐도 채워지지 않는 헛헛한 심장

초록을 지운 자리 회색빛 시멘트로
안위와 행복이 높이높이 포개지는
이 시대의 위대한 레고블록 건축학

초여름의 식탁

단비가 내린다
밤새 흙 속에서 꿈틀대던 것들이
쑤욱
아침 햇살에 허리를 편다

바닥을 찢고 밀고 나온 죽순이다
고요한 땅의 울림이
장화 신은 내 발끝을 불러 세운다

고추 밭을 돌아
죽순 몇 자루 꺾어 안고
부엌으로 향한다

물을 올리고
우렁을 꺼내고
식초를 푸는 손끝에 초여름이 절인다

삶고, 무치고,
그릇에 담으면
여름이 먼저

손이 입을 데려온다

식탁에 앉아
눈빛은 묻는다
이 계절은 어디서 왔는지
이렇게 맛있게 시작되었는지
죽순처럼 정갈한 마음도 쑤욱 자랄 것이다

실버 합창단

매미는 악보 없이
음표도 박자도 없이
한 번도 배운 적 없는 노래를 혼신을 다해 부른다

그 울음은 칠 년을 품은 절규
땅속에서 흙을 먹고 침묵을 곱씹으며
단 한 계절을 위해 준비해온 소리.

그 울음을 들을 때마다
내 안의 허물이 뜨겁게 살아나는 걸 느낀다

벗어야 할 것들, 놓아야 할 말들,
그리고 끝내 울지 못한 마음.

유명한 악장들조차
그 날것의 소리 앞에선 고개를 떨었지

매미는 단 하루를 위해
목이 찢어지도록 운다
그 매미처럼

내 마음의 울림을 세상에 드러내지 못한 채
자꾸만 침묵을 다듬었지

목이 메인 울음이 내 허물을 벗긴다
껍질처럼 굳어 있던 후회와
잘못 붙잡은 관계의 사연들이
소리 없는 폭염 속에서 하나둘 녹아 떨구고

'또 한송이 나의 모란' 은 숲풀 속에 하모니를 이룬다

고사리 부케

겨우내
흙 잔디 외투를 벗고 풀섶
눈 비비며 기지개 켜면

갓난아이처럼
동그랗게 손을 말고
두 주먹 불끈 쥐고 솟아오른
고사리손

갈참나무 그늘 아래
연초록빛으로 밀어 올린
초연히 빛나는 고사리손등

꺾어꺾어 한 아름
사모하는 그대에게 보낸다

꽃노래 터지는
저 언덕 너머 들녘에서
들꽃 향기 아지랑이처럼

따사로운 햇살 품에 안겨
발그레했던 너와 나
고사리꽃 가득 안고
돌아오던 날

나는,
봄날
수줍은 그대의 신부였던 것을

소문난 감나무집

미음 모양으로 빙 둘러 쪽방이 있었지
가운데 마당엔 작두 시암이 놓여 있었지
항아리도 그 곁에서 함께 익어갔지
시암에서 물을 품으려던 순간
단짝 친구가 나를 불렀지
고개를 돌리다 작두에 턱을 맞고
그 순간 울지도 못하고
입을 막은 채 동동거렸지
물바가지 바닥을 치며 쏟아지고
모퉁이의 돼지우리
비릿한 웃음이 그늘처럼 스며들었지
장독대 위로 호박잎 줄기 내려오고
대문 옆에는 만화방이 하나 붙어 있었지
나는 해가 지는 줄도 모르고
친구랑 책장을 넘겼지
감나무 아래에 저녁 밥상이 기다리고
어머니가 감을 따오셔서
하나씩 먹어라
그 목소리
밥 냄새처럼 마당에 퍼졌지
그때는 속알머리 없던 날이었지

피고 진 꽃도 꽃이다

명옥헌의 호수 위로 꽃물결이 잔잔히 번졌다. 화르르 피어오르던 금빛 꽃들이 폭염에 데고, 상처는 뚝뚝 물결 위로 떨어졌다. 연잎 위로는 붉은 베름*이 번지듯 고요한 흔적이 남았다.

황홀한 꽃방석을 깔아 둔 그 보금자리엔, 아픈 자리마다 못다 핀 사랑이 다시 피어나려 했다.

그리고 나는, 그 꽃들을 바라보다 문득 알게 되었다. 피고 진 꽃도, 여전히 꽃이라는 것을. 오히려 상처로 빛나는 그 모습 속에서 진정한 아름다움을 보았다는 것을.

괜찮아! 넌 늦지 않았다

*붉은 베름 : 상처가 남긴 붉은 흔적

작품론

굴곡진 골목에서 올라오는
푸른 봄의 서정

강 대 선
(시인)

작품론

굴곡진 골목에서 올라오는 푸른 봄의 서정
- 김형순 시인의 『엔드로핀 골목』의 미학

강 대 선
(시인)

다양한 삶의 해석으로의 확장

 김형순 『엔드로핀 골목』은 시인 특유의 익살맞은 표현과 삶의 해석을 다양한 스펙트럼으로 확장하고 있다. 시인은 "삼삼오오 뽕뽕다리 건너오던 아가씨들 눈에 선한데/ 흑백 영화처럼 추억도 희미해지는데/ 굴곡진 한 시대를 지나던 그리운 사람들은/ 어디에서 뽕뽕다리를 건너고 있을까"(「뽕뽕다리 연가」)에서 추억을 형상화하고 있는데, 이는 시인의 시가 '굴곡진 한 시대를 지나는 그리움'에 미학적 특성을 두고 있다는 사실을 알 수 있다. 시어마다 옹골차게 들어찬 경험에서 올라오는 시적 토양은 시인이 뿌리내린 자연과 이웃, 그리고 연민과 그리움에 있음을 토로하고 있다. 그만큼 김형순 시인에게 '굴곡진 한 시대'는 연민에서 비롯된 사유와 감각을 넘어 그리움을 담은 심미적 언어와 이웃과 사회, 더불어 위대한 자연과 지구를 향한 마음이 시를 구축하고 있다. 특별히 김형순 시인은 일상의 삶을 통한 깊이 있는 성찰을 시적 이미지로 구현해나가고 있다고 할 수 있다.

　김형순 시인의 시는 일상의 경험, 어머니에 대한 서사, 자아의 각성, 시대를 바라보는 비판 등, 남다른 시의 문양을 그려내고 있다. 시인은 우리가 살아가는 구체적 일상을 시로 옮기면서도 깊은 사유와 감각, 그리고 웃음이 담긴 해학을 심층의 언어로 구현하고 있다. 시인은 '굴곡진 골목'으로 이미지화된 자신의 이미지를 거울에 비추듯 현상해 나가면서도 의미를 확장해 아포리즘으로 표현하기도 하고 감각적인 묘사로 드러내기도 한다. 시의 곳곳에 드러난 시인의 의지는 현 상태를 응시하면서 미래로 나아가려는 희망의 전언이다. 따라서 시인의 시를 만나는 일은 경험의 형식이 다양한 스펙트럼으로 확장하는 특별한 일이다.

나를 응시함으로써 이루어내는 성찰적 의지

　먼저 김형순 시인을 깊이 살펴볼 수 있는 시를 살펴보자. 자신을 보는 일은 거울을 보듯 성찰과 깨달음의 언어로 새롭게 구현하는 방식이다. 자신을 복원함과 동시에 일상에서는 알 수 없던 자아의 새로운 형상이 구현되기 때문이다.

　　나는 한 줌의 기력마저 시들어진 몸으로

흙더미 꽁꽁 언 땅에 뿌리를 박고 서 있다

아무것도 보이지 않은 두 눈 감고

숨 멈춘 듯 미동조차 하지 않는다

내 안 깊숙한 곳에 있는 온기를 감싸고 있는 가시 손바닥

깡마른 손금 줄기로 인내의 시간이 흐른다

살아 숨 쉬는 일은 말라 부서지는 절망에도 무릎 꿇지 않는 것

나는 깡마른 몸으로 겨울 한복판에 서 있다

가지에 링거 꽂고 눈보라 치는 정월의 들판에 몸을 떨면서

견디지 못하고 죽을 것만 같은 자리에서

한 발도 물러서지 않는다

봄이 오면 나는 발가락부터 꼼지락거릴 것이다

한 줄기 빛으로 자물쇠로 잠가놓은 숨통 열고

엄마의 젖 줄기처럼 따사로운 공기를

폐 깊숙이 빨아들이며

초록 잎을 등불처럼 매달 것이다

나는 모든 꿈과 희망의 분신으로 곧고 정하게 서 있을 것이다
— 「나목」 전문

　나목을 '나'로 표현한 이 시는 시인이 살아온 삶을 비유로 표현한 뛰어난 시편이다. 나목裸木은 잎이 다 떨어져서 가지만 앙상하게 남아 있는 나무를 의미하지만 죽은 나무가 아니다. 다시 말해, 봄이 오면 다시 잎을 틔우고 꽃을 피우는 나무를 의미한다. 시인은 "나는 한 줌의 기력마저 시들어진 몸으로/ 흙더미 꽁꽁 언 땅에 뿌리를 박고 서 있다"고 말한다. 언 땅에 뿌리를 박고 살아왔듯이 시인의 삶이 그만큼 고되고 힘들었다는 사실을 조심스럽게 드러낸다. "아무것도 보이지 않은 두 눈을 감고/ 숨을 멈춘 듯 미동조차 하지 않는" 상태로 서 있는 나목이 시인과 겹쳐지는 이유는 시인의 삶이 '굴곡진 골목'이었음을 보여주기 때문이다. 하지만 "내 안 깊숙한 곳에 있는 온기를 감싸고 있는 가시 손바닥"이 깊은 곳에 남아 있다. "깡마른 손금 줄기로 인내의 시간"은 시인이 선택한 길이다. '깊숙한 곳에 있는 온기'를 발견하는 일과 인내의 시간으로 견디는 일은 시인에게는 새로운 길을 향한 여정이다. 비록 지금은 희망조차 없는 듯 보이지만 온기 한 줌을 지니고 봄을 기다리는 나목의 시간은 시인의 자세를 선연하게 보여준다. "가지에 링거를 꽂고 눈보라 치

는 정월의 들판에 몸을 떨면서/ 견디지 못하고 죽을 것만 같은 자리에서/ 한 발도 물러서지 않는다"라고 말함으로써 탁월한 이미지를 보여주고 있다. 링거를 맞고서 죽을 것만 같은 자리에서 한 발도 물러서지 않는 의지는 이육사 시인의 의지를 생각나게 한다. "봄이 오면 나는 발가락부터 꼼지락거릴 것이다/ 한 줄기 빛으로 자물쇠로 잠가놓은 숨통을 열고/ 엄마의 젖 줄기처럼 따사로운 공기를/ 폐 깊숙이 빨아들이며 / 초록 잎을 등불처럼 받치어 들 것이다"라고 말한다. 희망과 기대 속에 시인이 말하는 가장 큰 숨통은 '엄마의 젖 줄기'다. 다시 말해 온기는 엄마의 젖 줄기로 이어지고 등불로 이어지는 이미지를 구축한다. 그러면서 시인은 자기 암시처럼 "나는 모든 꿈과 희망의 분신으로 곧고 정하게 서 있을 것이다"고 말한다. 새로운 삶의 자세를 새롭게 꿈꾸고 있는 이러한 의지는 "무릎 꿇고서 기도합니다. 당신은 세상에 메마른 나를 태우는 사랑입니다. 이 밤도 저는 불타고 있습니다. 성화를 밝히며 눈물을 태웁니다"(「성화」)에서도 드러난다. 이러한 절망이 희망으로 승화된 시편을 살펴보자.

꽁꽁 묶은 보자기에서 피어난 눈물 꽃

눈 감으면
저 어두운 벽을 돌아
수술대 향해 가는 네가 보인다

전광판 이름이 초조하게 지나가고
예고 없이 찾아온 죽음의 사자에
몸 떨었던 열아홉 살

나는 죄를 많이 지었나 보다

풀 물든 생의 끝자락에 매달려 바동거린다

죽음을 이기고 나에게 온 너

내 눈물과
네 눈물이
하나로 만나 빛나는
이 순간, 우리는

다이아!

- 「다이아」 전문

이 시는 수술실이라는 공간을 통해 새로운 '나'를 발견함과 동시에 죽음과 삶의 대비를 통해 삶의 희열과 기쁨을 노래하고 있다. "눈 감으면/ 저 어두운 벽을 돌아/ 수술대를 향해 가는 네가 보인다"에서 '너'는 내가 아닌 상대를 지칭할 수도 있지만, '나'를 '너'라고 지칭한 것으로도 볼 수 있다. "예고 없이 찾아온 죽음의 사자에/ 몸 떨었던 열아홉 살"을 회상하면서 시인은 "나는 죄를 많이 지었나 보다"라고 고백한다. 이러한 고백은 어머니의 심정일 수도 있지만 스스로 열아홉이 되어 죄를 고백하는 것으로도 볼 수 있다. 다시 말해 "풀풀 든 생의 끝자락에 매달려 바둥거리는" 너의 애탐을 나는 응시하고 있다. 너는 너이지만 너로만 끝나지 않고 나로 전이된다. 마침내 너는 "죽음을 이기고 나에게 온 너"가 되고 "내 눈물과/ 네 눈물이/ 하나로 만나 빛나는/ 이 순간, 우리는//다이아!"라고 말함으로써 너와 나는 마침내 하나로 만난다. 내가 봄을 만나듯 너를 만나는 일이고 내가 죽음을 이기고 봄을 만나는 일이 바로 '다이아'가 되는 일이다. 이처럼 놀라운 시적 확장과 상상을 보여준다.

이처럼 김형순 시인은 시련과 고통의 시간을 '다이아'로 아름답게 재현해 놓았다. 시는 어떤 순간을 특권화하는 것이라면, 김형순 시인은 '나목'과 '다이아'를 통해 자신의 깨달음을 예술로 승화시킴으로써 독자에게 강렬한 인상을 남기고 있다.

깊은 곳에 깃든 '온기', 어머니

시는 서정이다. 서정은 시인의 원형질이며 시의 한 축을 이루고 있다. 시인에게 드러나는 일관된 서정 가운데 한 부분이 어머니다. 김형순 시인은 자신의 시에 어머니를 향한 그리움과 연민 의식을 동시에 드러내고 있다. 그리움은 애틋하고 은은하고 간절하게 느껴진다. 다음 작품을 먼저 읽어보자.

어머니는
참빗으로 반질반질 내 머리
빗고 또 빗고
나는 그게 좋아
거울 보며 놀았지
내 머리는
토끼처럼 순해졌다가
갈기처럼 솟았다가
삐삐 롱스타 말괄량이처럼
양 갈래로 따졌다가
빨간 머리 앤처럼 붉어지기도 했지
지금도 그때처럼
거울 보며 노는데
어머니는
어디로 가셨나
하늘에서 보고 계시나
참빗으로 빗겨주시듯
헝클어진 내 마음도
빗어 주시려나

-「참빗」 전문

 참빗은 어릴 적 어머니가 시인의 머리를 빗겨주셨던 빗이다. "빗고 또 빗고/ 나는 그게 좋아/ 거울 보며 놀았지"를 통해 시인은 행복했던 유년을 떠올린다. "내 머리는/ 토끼처럼 순해졌다가/ 갈기처럼 솟았다가/ 삐삐 롱스타 말괄량이처럼/ 양 갈래로 따졌다가/ 빨간 머리 앤처럼 붉어지기도 했"다를 통해 놀이로서의 참빗이 드러나 있다. 그 놀이가 즐거운 이유는 엄마와 함께였기 때문이다. 엄마가 아이에게는 친구이자 우주였기 때문일 것이다. 시인은 "어머니는/ 어디로 가셨나"를 통해 부재한 어머니를 드러낸다. 이제는 혼자 남은 나는 참빗과 함께 있어도 즐겁지 않다. 엄마를 잃어버렸기 때문이다. "하늘에서 보고 계시나/ 참빗으로 빗겨주시듯/ 헝클어진 내 마음도/ 빗어 주시려나"를 통해 헝클어진 화자의 마음을 드러낸다. 이 헝클어진 마음이 연민이자 그리움이다.

 어머니에 대한 그리움을 담은 빼어난 시편을 한 편 더 살펴보자

> 엄마는
> 靑靑이고 싶어
> 그늘 한 점 없는 靑靑으로
> 남도의 靑에 안겨 아리랑 고개를 넘어가고
>
> 나는
> 靑靑이 싫어
> 엄마 없는 청푸른 대지의 노래가 싫어
> 고목에 붙은 매미처럼 쓰리게 울지
> 　　　　　　　　　　　　　　 -「靑靑」전문

 시인은 "엄마는/ 靑靑이고 싶어/ 그늘 한 점 없는 靑靑으로/ 남도의 靑에 안겨 아리랑 고개를 넘어가고"라고 말한다. 엄마의 죽음을 '靑靑'으로 표현한 부분이 낯설면서

도 깊은 시적 울림을 준다. 그 죽음이 그늘 한 점 없는 청 청이고, 남도의 청이 되어 아리랑 고개를 넘어간다는 표현은 남도 시의 절창이라고 할 만하다. 1연과 대조되어 나타난 "나는/ 靑靑이 싫어/ 엄마 없는 청푸른 대지의 노래가 싫어/ 고목에 붙은 매미처럼 쓰리게 울지"를 통해 화자의 점층 된 감정을 보여준다. 엄마와 달리 나는 청청이 싫다. 엄마가 부재하기 때문이다. 엄마가 없는 대지의 노래도 싫다. 자신의 쓰린 슬픔으로 고목에 붙어 우는 매미로 표현한 이 구절은 비유를 통해 형상화한 빼어난 절창이다.

김형순 시인의 그리움은 어머니를 찾는 작업이기도 할 것이다. 이러한 작업을 통해 시인의 시는 다양한 상상력과 만나게 된다. 이러한 상상의 확장으로 기후 위기에 처한 지구를 어머니로 비유해 쓴 시를 살펴보자

퍼붓는다

옹벽이 터졌다는 뉴스에 잠을 못 이룬다

도로는 황톳물에 잠기고

양동이를 들고 나올 틈도 없이 집이 잠긴다

구조대의 손길도 막아 버린다

천둥 번개가 인간들에게 경고를 날린다

어머니인 지구를

헛된 욕심으로 파괴하지 말라고

화난 짐승처럼 밤새 으르렁댄다
― 「한여름의 특보」 전문

한여름에 비가 퍼붓는다. 시인은 옹벽이 터졌다는 뉴스에 잠 못 이룬다. 도로는 황토물에 잠기고 집이 잠긴다. 기후 위기, 천둥 번개가 인간들에게 경고를 날린다. 이 경고를 날리는 주체는 "어머니인 지구"이다. 자식에게 따끔한 훈계를 하듯 "헛된 욕심"으로 파괴하지 말라고 "화난 짐승처럼 밤새 으르렁대"는 지구는 어머니의 마음을 지니고 있다.

이웃을 향한 연민의 시선

다음으로 김형순 시인의 시는 이웃과 함께 하는 넉넉한 시적 성숙으로 발효된다. 이러한 이웃과의 결속은 사유와 감각의 예민성을 보여준다. 왜냐하면 그 안에는 시인의 인생론이 오롯하게 보이기 때문이다. 이때 시인은 자연스럽게 상황을 보여주면서도 독자의 가슴에 가닿는 공감과 연대의 가능성을 보여준다.

남대문 시장, 한 귀퉁이에 자리를 펴고 앉는다

　　주물 사업에 실패한 강 여사,

　　용달차에 황금 양은 냄비 주전자 다라이 압력밥솥 따위를 싣고 와 좌판을 벌인다

　　결혼할 때 가져온 패물들, 쌈지 목걸이, 돌 반지, 털어 금은방에 간 것은 지난달

　　성질머리 고약한 바람의 발로 차대자 노랑 냄비가 날아간다

　　허겁지겁 잡아 오면 다시 날아가는 노랑 주전자

　　강 여사의 시린 손이 눈물을 잡고 있다

　　찌그러진 양은 냄비는 반품이 되려나

　　세 살배기 아기의 웃음이 강 여사의 눈물을 훔친다

　　　　　　　　　　　　- 「노점상 강 여사」 전문

　남대문 시장, 한 귀퉁이에 자리를 펴고 앉은 강 여사에게 화자의 시선이 머무른다. 강 여사는 "용달차에 황금 양은 냄비 주전자 다라이 압력밥솥 따위를 싣고 와 좌판을 벌인다/ 결혼할 때 가져온 패물들, 쌈지 목걸이, 돌

반지, 털어 금은방에 간 것은 지난달"이라고 말한다. 이러한 구체적인 상황 제시는 강 여사가 얼마나 절박한 상황에 있는지를 보여준다. 이런 강 여사를 괴롭히는 것은 "성질머리 고약한 바람"이다. 노점이다 보니 바람에 "노랑 냄비"가 날아가고 그 냄비를 잡기 위해 강 여사도 같이 날아간다. "강 여사의 시린 손이 눈물을 잡고 있다"는 표현은 역발상을 통해 강 여사의 마음을 잘 표현하고 있다. "찌그러진 양은 냄비는 반품이 되려나"라고 묻는 강 여사. "세 살배기 아기의 웃음이 강 여사의 눈물을 훔친다"를 통해 비장미를 더 심화시킨다. '여사'라는 이름에서 알 수 있듯이 한때는 여사님 소리를 들었을 한 여인의 파란만장한 삶을 형상화하고 있다.

    야자수 열매가 유혹하는 대낮

    마차가 사원을 빠져나가는 귀퉁이에 꼬마 아이들이 모여 있다

    오색 팔찌를
    팔에 끼고
    마른 아이들이 검은손을 내민다

    1달러! 1달러!

    다른 아이들과 멀어져 혼자 달려오는 아이가 한국어로 외친다

저만 하나도 못 팔았어요

1달러! 1달러!

짧은 곱슬머리 그 아이

먼지 속으로
그 아이 사라질 동안

마차는 속도를 줄이지 않았다
                        -「1달러」 전문

시인은 "1달러, 1달러"를 외치는 아이들에게 연민을 드러낸다. "저만 하나도 못 팔았어요" 어눌한 한국어로 외치는 아이를 통해 "짧은 곱슬 머리 그 아이"를 바라보는 애잔한 눈물을 통해 '1달러'가 지닌 비정한 삶을 고발하고 있다. "마차는 속도를 줄이지 않았다"를 통해 아이들을 남겨놓고 떠나는 마차가 다름 아닌 비정한 세상의 모습이 아니냐고 말하고 있는 듯하다. 시인은 따뜻한 연민의 눈으로 바라보면서도 그 안에 비판의식을 담고 있다.

역동적인 삶의 무늬

나아가 김형순 시인은 삶에 대한 해학을 시에 풀어놓는다는 점에서 독특한 발화의 지점을 지닌다. 가장 돋보이는 고갱이가 되고도 남을 것이다. 따뜻하면서도 활달한 사유와 상상은 독자들에게 삶을 넉넉하게 치유하는 힘을 내장하고 있기 때문이다. 김형순 시인의 역동적 기운과 해학을 품고 있는 시편을 살펴보자.

> 시방, 딸내미 효도 덕으로 충북 영동 포도 축제에 부부 동반 기차여행을 간당께. 아이고 말도 말어. 송정역 무궁화호를 기다리는디, 괜시리 고딩 수학 여행 맹키로 가심이 설레발친당께. 포도시 진정시키는디 아, 글씨 고딩 때 내가 좋아했던 국어 선상님과 똑 닮은 선상이 지나가는 것이 아니것어. 심장이 뚝 떨어지는 줄 알았당께. 달려가서 말이라도 한 자리 걸치고 싶었는디 이 붉어진 마음을 낭군님한테 들킬까 봐 포도시 참았당께. 생각하면 말이여, 포도시 세상을 살아온 것만 같어야. 가고 잡아도, 붙들고 싶어도, 영감하고 붙어서 포도시 살다 보니 영감도 나도 항꾸네 물드는갑서. 영감도 나하고 포도시 사는 건지도 모르잖어. 설레발치는 가심을 붙들고 포도시 기차를 탔당께. 그려 포도시.
> ―「포도시」 전문

충북 영동 포도 축제에 남편과 함께 가는 상황인데 시인이 구사하는 남도 사투리가 가관이다. "시방, 딸내미 효도 덕으로 충북 영동 포도 축제에 부부 동반 기차여행을 간당께. 아이고 말도 말어. 송정역 무궁화호를 기다리는디, 괜시리 고딩 수학 여행 맹키로 가심이 설레발친당께. 포도시 진정시키"고 있다. 그러니까. '포도시'는 '겨우' 진정시키고 있다는 의미로 그만큼 설렌다는 의미인데 여기에 설상가상으로 "아, 글씨 고딩 때 내가 좋아했 던 국어 선상님과 똑 닮은 선상이 지나가는 것이 아니것 어. 심장이 뚝 떨어지는 줄 알았당께"로 고등학교 수학여 행과 좋아했던 '국어 선상님'을 연결한다. "달려가서 말 이라도 한 자리 걸치고 싶었는디 이 붉어진 마음을 영감 한테 들킬까 봐 포도시 참았당께."를 통해 '붉어진 마음' 이 어디에서 왔는지 드러낸다. 여기에서 시가 끝났다면 시적 울림이 크지 않았을 것이다. 시인은 여기에 살짝 인 생을 끼워 넣는다. "생각하면 말이여, 포도시 세상을 살 아온 것만 같어야. 가고 잡아도, 붙들고 싶어도, 영감하고 붙어 포도시 살다 보니 영감도 나도 항꾸네 물드는 갑서. 영감도 나하고 포도시 사는 건지도 모르잖여. 설레발치는 가심을 붙들고 포도시 기차를 탔당께. 그려 포도시."를 통해 인생을 산다는 일이 '포도시' 부여잡는 마음이라고 말한다. 하고 싶은 대로 다 하면 어떻게 서로 기대로 살 수 있을까. '포도시'는 인생을 대하는 시인의 자세를 드러 내면서 해학을 선사한다. 우리도 포도시, 포도시, 이 하루 를 건너는 것은 아닐까.

발산마을과 임동을 잇는 길

철판에 구멍이 숭숭 뚫린 뽕뽕다리였지

조약돌 감는 실개천이 흐르는 그 위를 방직공장 오가는 아가씨들이 조심조심 건넜지

구멍이 숭숭 뚫려 처음 건너가는 사람들은 발 디디기가 무서웠지

균형 틀어지면 삐거덕 쇳소리 들려오고 먼저 지나가는 발걸음이 철판 위에서 출렁였지

행여나 빠질세라 친구 붙들고 웃음 반 울음 반

뾰족 신발 벗고 건너던 아가씨

다닥다닥 붙어 있는 발산마을 골목집 달방 얻어 자취하던 방직공장 아가씨는 부모님 그리워 날마다 울었다지

그 많던 방직공장 아가씨들은 모두 어디로 건너갔을까

실타래 감는 소리 지금도 들려오는데

끊어진 실을 교체하며 이어가는 빠른 손놀림처럼

끊어진 다리를 다시 이어볼 수 없을까

삼삼오오 뽕뽕다리 건너오던 아가씨들 눈에 선한데

흑백 영화처럼 추억도 희미해지는데

굴곡진 한 시대를 지나던 그리운 사람들은

어디에서 뽕뽕다리를 건너가고 있을까
- 「뽕뽕다리 연가」 전문

　"구멍이 숭숭 뚫린" 철판이 다리처럼 놓여 있다. 시인은 "발산 마을과 임동을 잇는 길"에 놓인 뽕뽕다리를 시의 소재로 삼았다. 이 다리를 "방직공장 오가는 아가씨들이 조심조심" 건넌다. 조금만 잘못 디뎌도 구두의 굽이 빠져 중심을 잃기 십상이다. "지나가는 발걸음이 철판 위에서 출렁"이면 무서워서 "친구 붙들고 웃음 반 울음 반" 하던 다리. 그 다리의 추억이 삼삼하다. 시인은 방직공장 아가씨들에게 초점을 맞춘다. "그리워 날마다 울었"던 아가씨들은 이제 어디에서 무엇을 할까. "실타래 감는 소리 지금도 들려오는데/ 끊어진 실을 교체하며 이어가는 빠른 손놀림처럼/ 끊어진 다리를 다시 이어볼 수 없을까" 하고 그리움을 드러낸다. '끊어진 다리'를 '잇는 일'은 그리움을 잇는 일이다. 여기에서 드러나는 '굴곡진 골목'은 "굴곡진 한 시대를 지나던 그리운 사람들은 어디에서 뽕뽕다리를 건너가고 있을까"를 통해 연민과 연대를 드러내고 있다.

　이처럼 김형순 시인은 자신이 경험한 기억에 의미를 부여함으로 독자들과 공감의 폭을 넓히고 있다. 당시 힘들게 살았던 방직공장 아가씨들이 겪어온 고통의 굴곡을 재현하면서 그 안에 흐르는 따뜻한 연민을 노래한다.

나를 새롭게 인식하는 바라봄

시간은 흐르고 나는 변하기 마련이다. 살아가면서 나는 정말 나일까, 하고 물음을 던지게 된다. 그러나 시간의 흐름은 그 자체로 객관적 실재가 아니라 주관적인 흐름이 작용한다. 시인의 시는 내면의 목소리를 통해 자신의 목소리를 구체화하고 있다.

> 못난 인형을 바다로 던져버렸다
> 두려운 삶의 현장에
> 물결이 출렁이고
> 중심을 잡으려고 몸부림쳤던 못난 인형은
> 바다 한가운데서 도달해
> 소녀의 노래를 부르며
> 온기를 느꼈다
> 태풍 불어
> 숨통 쥐어짜며
> 파도가 절벽 칠 때
> 허우적거리며 변덕으로 들끓는 것들을 피해
> 세상을 하직하고 싶었으나
> 물결은 다시 잠잠해져
> 못난 인형을 다독였다
> 마음의 물결을 따라 다시 바다로 나간다
> 희열과 파멸의 바다에서
> 못난 김형순은 춤을 추고 노래한다
> 생의 바다를
> 한바탕 휘저어볼 판이다

살아 있음으로
못난 인형이 일렁인다

- 「평전」 전문

제목이 '평전'이다. 시인이 자화상을 그리듯 자신을 그려내고 있는데 첫 행부터 심상찮다. "못난 인형을 바다로 던져버렸다"라고 말한다. 왜 던져버렸을까. 시인은 뒷이야기를 쏟아낸다. "태풍 불어/ 숨통 쥐어짜며/ 파도가 절벽 칠 때/ 허우적거리며 변덕으로 들끓는 것들을 피해/ 세상을 하직하고 싶었"던 못난 인형이라고 말한다. 그러니까 못난 인형을 바다에 던지는 일은 생을 하직하겠다는 못난 생각을 버리는 일이다. 이제 인형은 "마음의 물결을 따라 다시 바다로 나간다/ 희열과 파멸의 바다에서/ 못난 인형은 춤을 추고 노래"하는 인형으로 삶의 자세가 바뀐다. 이제 남은 생으로 "생의 바다를/ 한바탕 휘저어볼 판이다"라고 말한다. 생의 의지와 활력으로 제2, 제3의 인생을 꿈꾸고 있다. "살아 있음으로/ 못난 인형이 일렁"이는 바다. 그 바다에서 시인은 삶의 의지를 다지고 있다.

김형순 시인은 깊이 탐색하되 탐색에서 그치지 않고 새로운 삶의 자세로 나아간다. 얼마나 힘들었으면 '세상을 하직'하고 싶었을까, 하는 대목에서 가슴이 먹먹해져 온다. 지금은 쉽게 말할 수 있어도 그 당시에는 죽도록 힘들었을 시인의 얼굴을 만나기 때문이다. 자아를 탐색하는 시인의 노력은 독자들의 고개를 끄덕이게 하는 공감의 지점을 확보하고 있다.

굴곡진 삶을 꽃피우는 시적 통찰

지금까지 시를 통해 김형순 시인의 시는 경험을 통해 길어 올린 시간을 삶의 성찰과 새로운 삶의 태도로 이어가는 방식을 취하고 있다는 사실을 알게 된다. 시인이 노래하는 것은 한결같이 그리움과 연민, 그리고 절망하지 않는 삶의 자세다. 이러한 자세는 다양한 시적 상상으로 자라나 완성도 높은 시로 자리매김하고 있다.

가평의 안개 짙은 개울가

새벽길을 걷는다

설레고 들뜬 벚꽃이 품에 안겨온다

산다는 것은 참 즐거운 일인지도 모른다고 중얼거린다

자작나무 숲에서는 한 치 앞을 못 보고 넘어지기도 했지

개미 돌부리에 넘어져 무릎 깨지기도 했지

진홍 피가 질퍽하게 가슴팍 파고들 때도 있었지

그래도 살만하다고 중얼거린다

붉은 겹꽃이 되어 꽃꽂이가 되듯이 좋은 날도 왔지

시가 있기에, 울먹이던 거친 바닥에서 일어섰지

벚꽃이 길을 하얗게 물들인다

꽃길이었다
- 「빨간 양산」 전문

이러한 시적 승화의 과정을 통해 김형순 시인은 이제 아포리즘을 얻게 된 모양이다. "그래도 살만해"라고 중얼거리는 시인의 독백은 인생론적 가치가 부여되어 있다. 이 세상을 하직할 만큼 힘들고 어려운 고비가 곳곳에 있었다. 그러나 살아보니 '그래도 살만한' 세상이라는 독백은 이 세상이 혼자만의 고립된 섬이 아니라 서로 마음 나누는 연대의 장이며 끊임없이 소통하는 공간이자 시간이라는 새로운 인식에 다다르기 때문이다. "진홍 피가 질펀하게 가슴팍 파고들 때도 있었지만" 그 시간을 견디면 '그래도 살만한 세상'이 아니던가. 그래도, 그래도, 하면서 한 생이 건너가지 않던가. 김형순 시인의 서정은 은은하면서도 깊은 울림을 준다. 시인 특유의 익살맞은 표현과 삶의 해석을 다양한 스펙트럼으로 확장하고 있는 이번 『엔드로핀 골목』 출간을 진심으로 축하드린다.